Cantabria

Benito Pérez Galdós

Cantabria

casimiro

casimiro [*casimiroa edulis*]

© Casimiro libros, Madrid, 2026

Todos los derechos reservados

www.casimirolibros.es

ISBN: 979-13-87675-09-7
Depósito legal: M-20132-2025

Impreso en España

ÍNDICE

Cuarenta leguas por Cantabria

I. Santillana del mar 7
II. La Abadía 15
III. El claustro 18
IV. Alfoz de Lloredo 23
V. Comillas 25
VI. San Vicente de la Barquera 30
VII. Las Tinas 36
VIII. San Pedro de las Vaderas - Panes 41
IX. Las Gargantas 43
X. La Hermida 46
XI. Potes 50
XII. Basta 52

Otros escritos

Santander 55
Laredo 67
La emigración veraniega al Norte 75

I.

Santillana del mar

Al entrar en Santillana parece que se sale del mundo. Es aquella una entrada que dice: "No entres". El camino mismo, al ver de cerca la principal calle de la antiquísima villa, tuerce a la izquierda y se escurre por junto a las tapias del Palacio de Casa Mena, marchando en busca de los alegres caseríos de Alfoz de Lloredo. El telégrafo, que ha venido desde Torrelavega, por Puente San Miguel y Vispieres, en busca de lugares animados y vividores, desde el momento que acierta a ver las calles de Santillana da también media vuelta y se va por donde fue el camino. Locomotoras jamás se vieron ni oyeron en aquellos sitios encantados. El mar, que es el mejor y más generoso amigo de la hermosa Cantabria, a quien da por tributo deliciosa frescura y fácil camino para el comercio; el mar de quien Santillana toma su apellido, como la esposa recibe el del esposo, no se digna mirarla ni tampoco dejarse ver de ella. Jamás ha pensado hacerle el obsequio de un puertecillo, que en otras partes tanto prodiga; y si por misericordia le concede la playa de Ubiarco, las aviesas colinas que mantienen tierra adentro a la desgraciada villa no le permiten hacer uso de aquel mezquino desahogo. Contra Santillana se conjura todo: los cerros que la aplastan, las nubes que la mojan, el mar que la desprecia, los senderos que de ella huyen, el telégrafo que la mira y pasa, el comercio que no la conoce, la moda que jamás se ha dignado dirigirle su graciosa sonrisa.

El viajero no ve a Santillana sino cuando está en ella. Desde el momento que sale la pierde de vista. No puede concebirse un pueblo más arrinconado, más distante de las ordinarias rutas de la vida comercial y activa. Todo lugar de mediana importancia sirve de paso a otros, y la calle Real de los pueblos más solitarios se ve casi diariamente recorrida por ruidosos vehículos que transportan viajeros, que los matan si es preciso, pero que al fin y al cabo los llevan. Por la calle central de Santillana no se va a ninguna parte más que a ella misma. Nadie podrá decir: "He visto a Santillana de paso". Para verla es preciso visitarla.

Los habitantes mejor situados de esta venerable villa muerta, son las monjas. Ellas desde las desvencijadas ventanas de los dos grandes conventos construidos hace dos siglos a la derecha del camino, cuando se baja al campo de Revolgo, atisban a todo el que pasa, y aunque vaya a Santillana, no se les escapa. Disfrutan de ameno paisaje, aunque no espacioso, y de la grata compañía de hermosos árboles y frescas praderas. Aquellas pobres ascetas, arrojadas las más de los secularizados conventos de la provincia, son los únicos vecinos de Santillana que ven cielo, árboles, la incomparable perspectiva de los suelos verdes y frescos, colinas, campo, una lontananza que hace veces de horizonte, y sobre todo pasajeros.

Allí están las pícaras, detrás de su falaz reja. Desde que el torno del coche produce, al bajar la cuesta, el áspero rumor de la rueda sujeta, ya no estamos seguros. La negra pupila de la monja nos ha visto, nos ha contado: ya se sabe en todo el convento de Regina Coeli o de San Ildefonso cuántos somos, y si alguno de nosotros lleva en el traje o en cualquier otra parte de su persona particularidades dignas de ser notadas y comentadas por la comunidad.

Sírvanos de amparo la mirada de las vírgenes del Señor para penetrar en la villa difunta. Es preciso dejar el coche a la entrada, no sólo porque aquí no hay longitudes fatigosas, sino porque no fueron empedradas estas calles, en la creencia de que algún día hubiera carruajes en el mundo. Entramos y las históricas casas detienen nuestro paso, nos dan una especie de quién vive, nos miran con sus negros balconcillos soñolientos, medio cortados, medio abiertos, fruncen el negro alero podrido, y parece que la enorme pared berrugosa se inclina en ceremoniosa y lenta cortesía. Nuestro estupor aumenta, cuando mirando a todos lados advertimos un fenómeno rarísimo, y que no se observa ni al visitar los pueblos más muertos. No se ve gente. No hay nadie. Nadie nos mira, nadie nos sigue, y el roñoso gozne de la ventana secular no gime lastimero abriéndose para dar paso a un semblante humano. Todo es soledad, un silencio como el del sepulcro, o mejor, como el del campo. Ni paso de hombre ni de bruto turba el sosiego majestuoso que rodea aquellas venerables casas. Allí, como entre cartujos, todo se dice con la expresión de la fisonomía; nada se habla.

Ninguna puerta antigua se parece a estas puertas; ningún ventanucho ojivo, ningún giboso balcón ni tuerto tragaluz se parece a los huecos de estas viviendas, cuya fisonomía es completamente extraña a los tiempos presentes. Los siglos no han mudado nada, ni puesto en mano remendona parte ninguna de los destartalados edificios. Los habitantes de ellos no pueden ser como nosotros, y de seguro, si no les vemos en el momento presente, es porque han ido de fiesta y volverán de súbito mostrándonos sus avellanados rostros dentro de las golillas, y pasando casi a saltos y cuidadosamente de piedra en piedra para no mancharse de barro las enjutas piernas con calzas negras.

Hay casas pequeñitas cuyo techo parece estar al alcance de nuestra mano; otras grandes que se estiran manifestando cierta finchada animadversión al vernos pasar. Unas esconden su fealdad en un ángulo; otras ventrudas y derrengadas, apoyándose en podridos puntales, salen y estorban como el tullido con muletas que pide una limosna. Las hay que muestran el vanidoso escudo ocupando media fachada; las hay que muellemente se reclinan sobre su vecina. Quitándole a aquélla el peso de una teja, daría con su cansado cuerpo en tierra; esta otra, por el contrario, muestra en sus hermosos sillares gran confianza de sí misma, y su curtido rostro expresa vanidoso convencimiento de remojarse en las aguas del venidero siglo.

A todas les ha salido el musgo de tal manera, que parecen vestidas de una piel verdinegra. En las junturas y en los desperfectos variadas especies vegetales muestran su pomposa lozanía. A trozos vése interrumpida la hilera de habitaciones por tapias de huertas en que el musgo es resbaladizo y fino, como el más fino terciopelo. Ejércitos de helechos en fila coronan el muro de un extremo a otro, y moviéndose a compás a impulsos del viento, parece que corren. Una higuera extiende sus brazos hasta media calle, cual si quisiera decir algo con suplicante además al transeúnte. En otra parte vése en lugar de puerta, un gran arco de fábrica, por el cual un arroyo se mete tranquilo y sin bulla dentro de la masa de edificios, perdiéndose en laberintos oscuros, a cuyo extremo se alcanza a ver la indecisa claridad del hueco por donde sale al campo. Sobre aquel río se alza una vivienda misteriosa, toda negra, toda húmeda; tan vieja, que los reinos de la naturaleza se han confundido, y no se sabe lo que es liquen, lo que es piedra, lo que es viga, lo que es hierro. Llénala, al punto que la ve, la incitada fantasía de novelescas historias; que no hay torreón sin duende. Pregúntale su abolengo el número de horas que han transcurrido suavemente desde el primer día de su existencia, y el número de vidas que se han sucedido en su recinto, como las leves ondas del pequeño río que van pasando y perdiéndose la una en la otra.

El aldabón se mueve y llama; retumba la bóveda del portal como una respuesta soñolienta; ábrese una ventana y las vigas de la escalera crujen; suenan pisadas de inquietos corceles, ladridos de perros cuyo lenguaje no parece igual al de los perros de nuestro siglo; óyense preguntas y respuestas en las cuales se destaca el majestuoso asonante del Romancero. En la penumbra gallardas plumas negras se mecen sobre las cabezas y entre las voces se siente sonajeras de espuelas y roce de rechinantes conteras contra el suelo. Las capas oscuras parecen sombras que entran y salen. Una luz macilenta, por hermoso brazo sustentada, alumbra de improviso colores más vivos, y los bruñidos petos lanzan plateados reflejos. Las voces, las luces se van extinguiendo al fin. Descansan los caballos, cesan de chillar las viejas maderas de la escalera, se pierden los pasos, a lo lejos golpean algunas puertas, gruñen en vez de ladrar los perros, desaparece la luz, piérdense en absoluta oscuridad plumas y capas, y todo cae en profundo sosiego. Poco después de toda aquella algazara no queda más que la vibrante palabra diatónica del sapo, un asqueroso hablador de la húmeda noche, que perennemente está haciendo su pregunta sin que nadie le conteste.

Defendámonos contra la fantasmagoría. ¡Atrás, sombras vanas, imágenes absurdas! No nos dejaremos fascinar; lucharemos contra la ilusión hasta vencerla y poner sobre sus destrozados restos el orgulloso pabellón de la realidad. Si es de día, ¿a qué vienen esas sombras, donde se mecen gallardas plumas? ¿De qué rincón han salido esos vagabundos que hablan en romance? Abajo, la leyenda y reine la vigilante observación, que todo lo mide y a cada objeto le da su color y a cada boca su palabra.

Por fin vemos gente. Un aldeano pasa y nos saluda con la grave urbanidad del montañés que no se ha depravado en el muelle de Santander o en las minas de Riocín. Por la calle de las Lindas bajan dos muchachas, que nos miran y luego hablan entre sí, cementando nuestra vista a Santillana. Al fin, entre tanto caserón viejo, entre tanta puerta corroída, divisamos un establecimiento moderno. Parece que se oye un alto brutal. La impresión es fuerte, porque se había perdido la noción de la perspectiva a la moderna y el ánimo no estaba preparado para transición tan brusca. Mas no hay que asustarse: aquel establecimiento flamante es la botica, y su pórtico hállase pintado de blanco con gallardos ramitos azules que le dan muy buen ver. En la puerta, varios jóvenes de la población entretienen las inacabables horas de Santillana hablando de política o de los toros de Santander o de las menudas historias de la villa. Y que hay todavía historias en Santillana, pueblo de tantas grandezas, no podemos dudarlo ya desde que hemos visto que hay gente.

II.
La Abadía

Para llegar al atrio es forzoso que pasemos sobre una reja colocada horizontalmente, sistema de ingreso que el viajero no acierta a comprender si no le advierten que los cerdos y las vacas, que libremente pasean por las calles de la villa, entrarían con el mayor desenfado en la santa iglesia, si por aquel ingenioso medio no se les detuviera. Abundante hierba crece en el atrio, y sus informes baldosas, sobre las cuales han pisado tantos siglos entrando y saliendo, están rodeadas de verdura entre charcos que la lluvia renueva sin cesar. A la derecha se alza la torre, cuadrada, rojiza, semejante por su esbeltez a los cubos mozárabes de Castilla la Nueva. Mirada atentamente, y prescindiendo del parentesco más o menos lejano que tienen todas las obras de arquitectura, y en particular las obras orientales con las románicas, se ve que es cosa muy distinta. Una austeridad cenobítica domina en la galería superior, en el ajimez, en las columnas cilíndricas de los ángulos y en los cordones horizontales, que parecen puestos allí para ceñir las diversas fases de la fábrica. La puerta principal es un noble vestigio que inspira compasión. Las series de arcos concéntricos cuajados de estrellas, perlas, cabecillas de clavo, lacerías, cables, ziczás, dientes de sierra, apenas conservan restos de esta peregrina ornamentación; los capiteles están roídos, y las figuras mutiladas; pero tal es la fuerza del arte, que parece que tienen expresión aun sin tener cabeza.

Dentro, la mirada se extiende por una nave de regular altura y dos laterales más bajas que no se confunden con el ábside, sino terminan a ambos lados del presbiterio en pequeñas capillas. Otra nave alta corta a la primera en cruz, estableciendo la forma latina. Las bóvedas y arcos, de medio punto en algunos sitios, peraltados en otros, parece que buscan o presagian la ojiva. La vista de este hermoso edificio románico, cuya data de construcción fácilmente fija el observador en el duodécimo siglo, causa fatiga y desconsuelo. Se ve que la noble construcción pugna por mostrarse rompiendo el velo espeso que la cubre; porque ni los variados capiteles, ni las impostas y las cornisas que el escultor llenó de imitaciones de la Naturaleza, labrándolas con inocente estilo, aparecen con claridad a la vista. Todo está cubierto y velado por una capa espesa de yeso; las figuras se ven como si estuvieran arrebujadas en un manto blanco, bajo el cual tiemblan de frío y de vergüenza. Es preciso, para que la Colegiata de Santillana brille como merece, que haya una mano hábil que la desnude, así como hubo una bárbara mano que la vistió. Si al menos hubiera cubierto los grupos desvergonzados que decoran altos capiteles en la capilla de la derecha, la profanación artística habría tenido alguna disculpa; pero cuidó de dejarlos como todos los demás, y hoy son los primeros que el maligno sacristán enseña a los forasteros.

La Colegiata es pobre: su pobreza está pintada en todo el edificio, desde el basamento de las columnas hasta la clave de la última bóveda; en la figura del monaguillo, que vestido con blusa azul y calzado de alpargatas, entra y sale, desempeñando su oficio con el gracioso aburrimiento propio de todo monaguillo; en el túmulo negro goteado de amarilla cera que sirve para recibir las ofrendas, y en el mocoso candelero que las alumbra. Sin embargo, un frontal de plata repujada cubre el altar mayor, y la sacristía guarda joyas de precio que no se aplican diariamente al culto.

Los sepulcros notables son dos: el de Santa Juliana, una mártir de la Propóntide, y el de la Infanta doña Pronilde, de autenticidad muy disputada por los críticos. Ambos enterramientos son de una antigüedad respetable, y las extrañas figuras y emblemas que los adornan desafían la sagacidad de los anticuarios más cachazudos.

Nos falta el claustro, resumen de toda la poesía y de todos los misterios de la vieja Santillana. Fuerte olor de humedad y de cementerio nos lo anuncia, y al entrar en él, lo primero que ven los ojos es una calavera que ha caído del osario, y se mantiene sobre el zócalo, fría y seria, observando con sus ojos huecos a todo el que se atreve a penetrar allí.

III.

El claustro

Catorce arcos de medio punto, sustentados por grupos de cuatro columnas, componen cada una de las cuatro galerías que forman el claustro. Los que han visto arquitectura románica y de transición, comprenderán la variedad de capiteles con que los artistas de los siglos XI y XII han coronado estas inimitables columnatas. Los hay historiados, los hay religiosos, los hay compuestos con formas del orden vegetal, con figuras humorísticas unos, con grupos de cacerías otros, con caprichosas lacerías éstos, aquéllos cubiertos de ramificaciones orientales. El tono general de la fábrica actualmente es un marcado color de corcho, y la superficie de la piedra leprosa, agujereada, lamida por el tiempo, aumenta la semejanza con aquel cuerpo. En una de las crujías, los dobles pares de columnas se inclinan hacia adelante con uniformidad. La fábrica está cansada, y busca el mejor medio de caer y tenderse en tierra. Otra crujía, la del Norte, azotada por la lluvia y muerta de frío, porque jamás le ha dado el sol, ha tomado un color verdinegro, y se pudre calada de humedad hasta lo más hondo de sus ateridas piedras.

El techo no es en su mayor parte de bóveda, sino de vigas negras, que en algunos sitios necesitan ser apuntaladas por otras vigas casi tan podridas como ellas, para no caer al suelo. La vegetación ha invadido todo, y parece que hasta las piedras tienen, tallos y hojas.

Él patio cuadrilongo, sepultura de los pobres, ofrece espléndida variedad de las hierbas más lozanas, donde pasta la infinita grey de babosos caracoles. Diez siglos de Santillana yacen bajo aquellas raíces; pero los huesos viejos, aquéllos que pertenecieron a quien ha sido abandonado para siempre de todas las memorias de la tierra, son arrojados al osario, que está lleno hasta los bordes, como granero en tiempos de pingüe cosecha. Rebosa por encima de una de las paredes laterales, y cuando soplan fuertes vientos llueven calaveras.

En un ángulo, un ciprés solitario, afilado, negro, pugna por salir fuera de la vetusta fábrica, y un grupo de silvestres cañas se cimbrea rozando sus delgadas hojas superiores.

Cuando las noches vienen con cierzo y las calaveras del osario chocan unas con otras, y resbalan los huesos aplastando a los caracoles, el cañaveral, triste músico de la noche, se queja suavemente del desorden que le rodea.

Cuando el sol ilumina la revuelta sepultura, en la cual todo está destrozado, el muerto y el sarcófago, se ve claramente que la paz de aquellos melancólicos lugares supera a cuanto puede soñar la imaginación del vivo, anhelante de descanso. Aquél sí que es imperio absoluto de la muerte. Allí todo es muerte, todo se descompone; y los gusanos, después de comerse el cuerpo, se comen la tumba; allí sí que no quedará nada; allí sí que entra todo en la esfera de asimilación de la Naturaleza; y cuando pase algún tiempo más; cuando en lo que fue lugar cristiano, puesto al amparo de la cruz para perpetuar memorias de los muertos, no se vean más que piedras informes, musgo, caracoles, lozanas hierbas que nutrieron sus raíces en cerebros donde latió el pensamiento; cuando hasta el osario sea blanca tierra que esparcirán sobre el campo los vientos, y desaparezcan las últimas esculturas lamidas por el agua, entonces se habrá realizado de un modo absoluto la sentencia que manda volver el polvo al polvo. En una misma ruina, en una misma masa de lodo cuyo imperio se reparten helechos y sabandijas, estarán comprendidos hombre y arte, el sentimiento cristiano que hizo el claustro y el egoísmo que lo dejó perder; todo será polvo, y no habrá ni siquiera quien pueda enorgullecerse de aquella escoria.

El claustro de la abadía pasará pronto… Apresurémonos a verlo bien. En sus cuatro galerías abundan los sepulcros; pero muchos letreros no se pueden leer. Diríase que ha pasado por ellos humo densísimo para borrarlos. En otras, una sencilla cruz dice algo más que las enfáticas inscripciones con letras amarillas, recién hechas y aun barnizadas, con pretensiones de llegar a la eternidad. Algunos señores de la nobleza del país duermen dentro de un gran prisma de yeso. En diversos puntos se ven arrinconados o puestos en pie contra la pared los antiguos ataúdes de piedra, ya mudos, porque sus epitafios no dicen nada, ya sin dueño, porque los siglos han barajado la tierra y los huesos. El silencio, la paz de aquellos sitios, que son el símbolo más perfecto del eterno descanso, se turba cuando entierran a alguien; pero por esta misma razón, se turba pocas veces.

Cuando se recorren las calles de Santillana para salir de la villa, ésta parece más alegre. Por último, en la Plaza del Consistorio se ve una casa nueva, un edificio que acaba de salir, húmedo aún y charolado, de manos del arquitecto y del pintor. Más afuera, junto al camino que vuelve a la izquierda y pasa, está el palacio de Casa-Mena, construcción del anterior siglo, restaurada actualmente con especial esmero. Su riquísima biblioteca ocupa una sala baja, con preciosas estanterías de roble. Hermoso es el conjunto de esta bien ordenada pieza, en la cual se ven, formando conjunto artístico, estupendos muebles arcaicos, monetarios, panoplias, y, sobre todo, las dos librerías, cuyos estantes muestran y guardan elegantes y lujosas encuadernaciones. Colosal busto de Su Santidad ocupa el frente principal: La acertada combinación de los diversos objetos que llenan la estancia, sin que nada huelgue dentro de ella, produce singular encanto a la vista, así como los dulces matices de la esculpida madera sin barniz, el oro pálido que brilla en el herraje de las arquetas, el acero mate y la roja lana de las cortinas. De la riqueza bibliográfica que allí se guarde, poco puedo decir por no serme conocida.

Rarezas y joyas tipográficas de inestimable valor, infinidad de escritos curiosísimos referentes a la provincia, colecciones de especialidades, crónicas harto escasas, hacen de la biblioteca de Casa-Mena la mejor de toda la Cantabria y una de las más escogidas y bellas de España.

En el resto del palacio, los actuales Marqueses han emprendido una serie de restauraciones, que harán de aquel edificio una residencia muy agradable, morada llena de encantos en la puerta de una ciudad lúgubre.

Y se acabó Santillana, se acabó la villa difunta. El hermoso parque de Casa-Mena y los jóvenes pinares de la misma casa nos despiden de aquel glorioso escombro, al cual se asocia la memoria de Iñigo López de Mendoza, sin que la imaginación pueda separar el uno de la otra, a pesar de los cuatro siglos que pugnan por ponerse en medio.

IV.
ALFOZ DE LLOREDO

Novales no quiere dejarse ver, y escondido entre sus azahares, renuncia a las visitas del caminante presuroso. En cambio, Cobreces, Toñanes, Cigüenza, Ruiloba se muestran esparcidos por las verdes colinas, no lejos del mar, en terreno ligeramente pedregoso y muy quebrado. Los ricos jándalos, a quienes Jerez, el Puerto y Cádiz dieron dinero abundante, habla ceceosa y maneras un tanto desenvueltas, han poblado de risueñas casitas aquella alegre comarca. No faltó entre ellos quien quisiera dejar muestra de su piedad en un convento que aún está sin concluir. Los caseríos abundan, y en ellos las casas grandonas, blancas, con holgados balcones verdes y sólidos corta-fuegos, a los cuales no falta el pomposo escudo. A la espléndida vegetación montañesa se unen el naranjo y el limonero, y sobre la multitud que llena la plaza en horas de fiesta, destácase un sombrero exótico, una planta de otros climas: el calañés. Los emigrantes se han traído al regreso media Andalucía, y aquel país tiene no sé qué de meridional. Aquel mar que asoma en las curvas de los cerros dejando ver brillantes recortaduras de un azul hermosísimo, parece afectar ¡hipócrita!, en días pacíficos de verano, la serenidad y mansedumbre del Mediterráneo.

El monte de Tramalón remeda las espesuras de Sierra Morena, abrigo de ladrones, y según afirman mis compañeros de viaje, ladrones tuvo, si bien de juguete, gentezuela que antes daba sustos que puñaladas. En las revueltas del camino que baja y sube inquieto, y no sin fatiga, por no encontrar dos varas de terreno llano en que extenderse con desahogo, se alcanza a ver la playa de Luaña, poco há invadida por los bañistas, que han encontrado en aquella placentera soledad estableci-miento construido, en gran parte, con las maderas de un buque ruso, escupidas por el mar. Cóbreces, no teniendo bastante con las naranjas, se ha dedicado a explotar la moda balnearia. Por entre el ramaje verde de sus huertos se ven pasar sombrillas y quitasoles, y en los antepechos de sus balcones se ostentan colgados al sol, para secarse, esos horribles trajes de lana, dentro de los cuales Venus (admítaseme la generalización del emble-ma) gusta de volver a la espuma de donde salió.

V.

COMILLAS

Para entrar en esta villa de los López y de los cuatro prelados, es preciso atravesar el mar en coche. Tranquilizaos: hay un puente de roca a roca, y entre éstas mete el Océano uno de sus poderosos brazos, y con los destructores dedos de espuma revuelve la arena, y arma allí un remolino y una batahola que imponen miedo a los que pasan por encima.

No lejos del viaducto, los apagados hornos de calamina demuestran que por allí han pasado los mineros. Encima, y a vertiginosa altura, en la cumbre de un atrevido cerro, se alza la Coteruca, un palacio que vuela, según está de alto y de enriscado; a la derecha, otras colinas pedregosas junto al mar, en las cuales hay algunas casas con huertas, cuyos hortelanos han tallado a pico la roca para hacer de ellas un gran tiesto de legumbres; enfrente, la calle principal de Comillas, que sube, baja, da de codo a las casas para que la dejen pasar, y al fin, con trabajos mil, logra llegar hasta la plaza, de donde, no sin dificultad, puede salir para perderse en el camino de la Rabia.

El aspecto de Comillas es alegre, festivo; infunde ideas de salubridad, de comodidad, de bienestar pacífico y laborioso. Sus casas antiguas no se desmoronan como las de Santillana, y las nuevas resplandecen de blancura. Tiene en algunos trozos cierto aspecto gaditano, y la luz del sol se quiebra en mil vidrios, tras de los cuales los ojos de la comillana no se descuidan en cuanto el empedrado anuncia con estrépito el paso de un vehículo.

Hay un colegio de mármol, una parroquia suntuosa y una casa de Ayuntamiento cuya fachada es casi un libro, donde está el registro de los hijos ilustres de la villa.

Esta, aunque se halla muy cerca del mar, no lo ve desde sus principales sitios. Queriendo, sin duda, guarecer de los nordestes su limpio caserío, se acurrucó tras una peña, cuya cresta se llama el Calvario, y a la cual se asoman algunas casas que no pueden pasarse sin la incomparable vista del mar, y se empinan sobre los techos de sus vecinas.

En el Calvario se disfruta de una de las perspectivas más bellas que ofrece en su larga extensión la costa Cantábrica. Parece que no se acaba nunca de ver la inmensidad del mar que se desarrolla ante los ojos, o que el horizonte huye. La colina baja bruscamente, tapizada de finísimo verdor, hasta la arena inmaculada; y al extremo izquierdo del arco que forma la playa, está el puerto, un pequeño cuadrilongo de escolleras batidas por el mar; un puño cerrado que puede contener diez o doce barquitos, con los almacenes del resguardo y muelles para la calamina. Cuando los pataches salen de aquel nido y tienden sus alas blancas sobre el azul del mar en días serenos, es imposible dejar de contemplarlos hasta que se pierden en el azul inmenso. Allá lejos aparece en extensa línea negra el humo de los grandes vapores trasatlánticos, que pasan manchando el cielo.

En la roca que domina el muelle hay una ingente mole de piedra que fue iglesia y hoy parece que es cementerio. Era la antigua parroquia de la villa, perteneciente al señorío del Infantado. Cierto día, el mayordomo de Su Excelencia tuvo la malaventurada idea de expulsar de la iglesia a unas cuantas comillanas que ocuparon dentro de ella un lugar que no les correspondía. Irritáronse los marineros, y penetrando atropelladamente en el sagrado recinto, cogieron cuanto en él podía cogerse y lo arrojaron al mar. Allá fueron a poblar las verdosas honduras, altares, bancos, santos, púlpitos, confesonarios, etc. No creían ofender de ese modo a Dios, y para probarlo labraron con sus ahorros (entonces los pescadores tenían ahorros) el hermoso templo actual en el centro de la villa.

Mirando hacia la parte de tierra, se ven las suaves colinas verdes, con sus rústicas casas; y sobre todas ellas, en el último pico, posado como un águila, dominando media tierra y medio mar, el palacio de la Coteruca, inundado de sol en los días serenos, arrebujado de nubes en los turbios. No es fácil conocer las costumbres y el carácter de un vecindario recorriendo a escape el lugar donde mora; pero lo que el viajero no puede decir *auctoritate propria*, lo dice por boca de la fama. Comillas es uno de los pueblos más cultos de la costa Cantábrica, y de los más morigerados y trabajadores. No lo han degradado las explotaciones mineras,

28

y si su comercio es escaso y sus pesquerías insignificantes, allá se las compone con otras industrias. Todo allí
respira un bienestar tranquilo, modestos hábitos de trabajo y un amor vivísimo a la localidad, sentimiento que
se echa muy de menos en otras villas y aun ciudades
ensoberbecidas. La circunstancia de contarse entre sus
hijos algunos que son capitalistas de primer orden, ha
contribuido a sus progresos. Lo extraño es que sin
comercio de alto bordo, sin expediciones a América, sin
pesquerías y también sin gran tumulto de bañistas,
harto decaídos los embarques de calamina, tenga
Comillas aquel grato aspecto de industrial satisfecho,
ordenado y económico, ni derrochador ni avaro.

¡Simpático pueblo a quien se estrecha la mano como
a un bueno y leal amigo! Hoy ofrecen risueño porvenir
a Comillas los baños de mar. ¡Pues es nada! Tiene hermosa fonda llena de pretensiones, con mesa redonda, a
lo francés servida (aunque un poquito a lo español gui-
sada), y en torno de los blancos manteles se ven señoras
y caballeros que hablan pestes de Biarritz y de San
Sebastián. Por la playa pululan sombrerillos, y las
voluptuosas olas reciben sacos llenos de carne nerviosa,
que luego vuelven a la playa y tiritando se embaúlan en
las frágiles garitas. Oyese conversación chispeante, agu-
dezas, rumor de críticas y murmullos de política menu-

da. También suena la cancamurria de sálicos versos, y alguna poetisa deja ver su pálido rostro y oír estupendos dichos y sentimentales observaciones.

Para que nada falte, también hay expediciones a cercanas grutas; que si no hay olla sin tocino, tampoco hay hidroterapia sin estalactitas, ni mal de nervios que se prive de la fácil medicina de los paisajes.

Las maletas vuelven a Madrid llenas de pedruscos, de caracolitos y conchas, con los cuales se prueba a muchos incrédulos que hay mar. La concurrencia es alegre, escogida y abundante, aunque no tanto como merece Comillas.

VI.

San Vicente de la Barquera

Las marismas de la Rabia son tristes, solitarias, más solitarias y tristes a causa de su extensión. En las orillas bajas no hay pueblos, ni caseríos, ni bosques, ni los verdes collados que tanto abundan en este país. Las árgomas, un linaje de hierbas espinosas que se adornan de florecillas menudas, parecidas a las de la retama, invaden todo el suelo. Lo que de éste queda libre se lo toman para sí los helechos, que extienden su dominio absoluto allí donde no entran jamás arado, ni dalle, ni azada. En la Rabia debieran existir hermosos y espesos pinares; pero no hay nada más que charcos salobres y cien mil islas bajas, formadas por intrincado dédalo de canales, que unos a otros se quitan o se dan el agua, según sube o baja la marea.

Unese luego el camino a la carretera de Torrelavega a Oviedo, y poco después, vencidos los cerros que dominan la ría, se distingue el incomparable panorama de San Vicente. La inmensa anchura del valle a cuyo extremo se alza esta villa, la proximidad del mar, la gallarda situación del caserío entre dos puentes, las lejanas y altísimas montañas que forman un fondo majestuoso y parecen agrandar aún más el paisaje, hacen de esta perspectiva una de las más admirables y sintéticas que pueden ofrecerse a la vista del viajero. Allí todo es inmenso: tierra, cielo, montes, praderas, río, mar, marismas. Hasta el mismo pueblo de San Vicente parece un pueblo de primer orden a causa de la maravillosa fantasmagoría que produce su situación al pie del cerro, en cuya cima está la iglesia; reflejando en el agua dormida sus casas pintorescas, alargando a una y otra ribera sus dos puentes como brazos con que se sostiene en los montes para poder zambullirse mejor en el agua. Tan bello es esto, que verdadera-

31

mente da pena el ver que a continuación de la perspectiva de San Vicente, venga San Vicente mismo, cuando lo mejor sería que después de ofrecerse en imagen lejana y fascinadora a los ojos del atónito pasajero, desapareciese y se ocultara allá entre hierbas de la mar, o que se desvaneciera como las figuras del humo en los aires.

Pasando el gran puente del siglo VI, de treinta y dos arcos, sentimos verdadero estupor al ver que no se entra por allí a un pueblo como Glasgow, Hamburgo o Nueva York. No se comprende que aquella gran ribera haya sido criada por Dios para sustentar al pobre San Vicente, y que las inmensas marismas que quedan atrás no sustenten miles de calles y plazas donde hierva gentío afanoso; no se comprende que esté tan cerca un mar sin barcos y un abra sin puerto, y un río sin fondo ni muelles, y que toda aquella singular belleza y amplitud sean tan sólo un gran charco de lodo salobre donde mojan sus cimientos algunas casas añosas, tristes y negras, como los pensamientos del desesperado.

Al fin, el puente se acaba, y es preciso entrar en la villa. Un convento que fue de Franciscos parece que vigila la entrada. Torciendo a derecha mano, después de hacer una reverencia muy devota a la que fue asilo de aquellos humildes siervos de Dios, entramos en la calle principal de San Vicente, una especie de avenida de fango, limitada a la izquierda por larga fila de altos caserones con zancudas arcadas, y a la derecha por la muralla inmediata al río. A un lado, obscuras y feísimas tiendas, balcones de hierro, en los cuales parece haber trabajado el mismo Vulcano, según son de pesados y antiguos; a otro, serena extensión de agua en que nadan gruesas vigas de roble, y en los muelles ni un buque, ni una grúa, ni un tonel, ni una caja, ni un cable, ni un ancla rota. Semejante a una choza de pescadores, allá lejos, junto a la orilla, está el santuario de la Barquera, donde no faltarán imágenes ante las cuales recen los hijos del país, siempre que no tengan otra ocupación peor en que invertir las pesadas horas.

Para ver el resto de San Vicente, hay que abandonar la calzada llana y trepar por las empinadas calles que conducen a la hermosa iglesia ojival. Pero entonces el asombro del viajero sube de punto viéndose rodeado de imponentes ruinas, como si la villa hubiera padecido terremotos e incendios horribles, sin tener después una mano solícita que la reedificase. Por un lado y otro se ven enormes muros, rotos arcos y restos de edificios que fueron vivienda de hidalgas familias, y que hoy son esqueletos coronados de hiedra, cuya espantosa fisonomía pone miedo en el corazón. Tristeza más honda que la tristeza de Santillana es la de San Vicente, porque la villa del Marqués conserva en su momificado y entero rostro la forma y aun la expresión de la vida, mientras este desbaratado pueblo marítimo ha sufrido la postrera descomposición de la carne, y los vientos de la mar y la lluvia del cielo le han arrebatado partícula tras partícula, dejándolo en los puros huesos.

Aumenta nuestra pena al oír que el origen de tanta ruina no ha sido un cataclismo como en Pompeya, ni maldición del cielo como en Jerusalén, ni fuego de Dios como en Gomorra, sino decadencia pura por ley del tiempo. Por esto San Vicente de la Barquera tiene algo de la majestad de Itálica. Pero el amarillo jaramago de esta pobre villa no es tal que despierte un exagerado afán de llorar sobre él, ni de extasiarse largas horas contemplando las nobles piedras, o leyendo lo que quede de algún escudo comido de los años, y las últimas letras de la inscripción heráldica que el dedo del tiempo ha empezado a borrar.

En San Vicente ha rodado, al parecer, la cuna ilustre, no sabemos si de marfil y oro, del inquisidor don Antonio del Corro, cuya hermosa estatua existe en la iglesia, atenta a la lectura de un libro. La expresión y belleza son tales, que el observador se detiene instintivamente y aguarda con ansioso afán a que el reverendo levante la marmórea cabeza y aparte del libro los ojos sin pupilas para mirarle a él. La semejanza de este enterramiento con el que existe en la capilla de Bedmar, de la catedral de Sigílenla, es grande, y su mérito no inferior al de esta primorosa obra de arte.

Salgamos ya de San Vicente. No sólo lo exige el plan de la expedición, sino también el atractivo del hermoso país que rodea a la villa caduca y del cual jamás se sacian los ojos.

Pasamos otro puente y subimos el repecho del camino de Asturias. Desde allí el panorama no es menos admirable que cuando se baja por la otra orilla en busca del puente largo.

Los charcos de las marismas que rodean a San Vicente ofrecen el más complicado mapa que puede imaginar el delirio de la geografía. Todas las combinaciones posibles de rayas de agua, discurriendo sin orden ni tino por entre juncos; todas las formas geométricas de islas y penínsulas que serían posibles si estuviese en proyecto una nueva creación del mundo, se ven allí, y nadie puede eximirse de observar con pueril atención tan graciosa cosmogonía. Entre estos caprichosos juegos del agua y el fango, se alza el cerro de San Vicente muy semejante al lomo de un cocodrilo, y después las múltiples series de colinas que escalonadas suben sirviendo de plinto a los montes, y en último término las descomunales crestas de Andara, último esfuerzo de la tierra para llegar al cielo.

VII.

Las Tinas

La hermosa costa de esta provincia aparece menos risueña a medida que avanzamos hacia el Oeste; pero, en cambio, es más grandiosa, más imponente, o si se quiere, más varonil. El viajero que sigue este camino marcha de la tierra del idilio a la de la epopeya.

El valle de Torrelavega, Reocín, Alfoz de Lloredo, Cabezón de la Sal, están pidiendo caramillos; pero en estos montes parece que resuena el cuerno de aquellas cacerías legendarias en que un oso se merendaba un rey. Allá todo es ameno y patriarcal; aquí, sublime y guerrero. Al ver las soberbias figuras que a lo lejos conservan en sus altos capacetes los últimos rayo" del sol, la imaginación no puede apartarse de los héroes de la Reconquista. Dejamos atrás al Marqués de Santillana, poeta y cortesano, y las deliciosas tierras que podemos llamar abuelas, si no madres, de Quevedo, Calderón y Lope de Vega.

Ahora todo el país adquiere un tinte extraño de fortaleza y rudo vigor, y cuanto alcanza la vista está lleno de don Pelayo.

Cae la tarde, y las orillas del Nansa se nos presentan tristes y solemnes. Es caudaloso el río, y marcha tranquilo y grave hacia el mar, sin ruido, sin bullanga, entre márgenes solitarias. Pero ya cerca de su desagüe, los montes parece que quieren detenerle el paso, lo cercan, lo acorralan, reflejando sus negras masas en la superficie de él. Nansa se aturde; da dos o tres vueltas, como si meditara qué resolución debe tomar en presencia de tan grave apuro, y al fin por un boquete angosto descubre el mar. No vacila, toma su partido, y se arroja fuera de la tierra con tanta prisa, que es evidente su intención de no volver más a ella.

Esta situación de los montes, que parecen querer estorbar, que el río cumpla su destino, yendo a parar al mar, como la vida entra en el morir, es lo que produce el aspecto de tina, dando origen al nombre de Tinamenor. La mayor está más allá, en el vago curso de otro río a quien las montañas se empeñan en atajar también. Este es el Deva, límite entre Santander y Asturias.

Tinamayor no es menos triste que su compañera, porque los montes que la forman proyectan una sombra fatídica sobre el agua que en gran caudal baja de

Liébana. El Deva describe una gran curva, y apenas se ve su salida, que es estrecha, tortuosa y oblicua, al modo de evasión carcelaria. Se desliza por una juntura, haciendo gentil burla y desprecio de la fuerza que quiere oponérsele.

La orilla izquierda es llana y baja, y ningún incidente marca el paso del agua en la gran curva que forma la corriente; de modo que si entra algún buque, aparecen su" mástiles en medio de un verde prado. Un par de pataches había en Tinamayor cuando visitamos este extremo de la gran Cantabria, y la escasa luz de la tarde no nos permitió determinar bien lo que significaban aquellos escuetos palos aparentemente plantados en tierra como árboles de cucaña.

Unquera es la margen derecha de tierra santanderina. Bustio la izquierda orilla en el reino de Asturias. Un puente interprovincial, fabricado con vigas, une estos dos caseríos, bastante frecuentados por carros y diligencias. Se parece tanto aquello a un lindero entre dos naciones, que no se puede resistir la tentación de pasar el puente y poner el pie en tierra de Asturias; pero todo es igual, el suelo y la gente; idéntico el lenguaje florido que en una y otra parte hablan los carreteros.

Pocos atractivos ofrecen Unquera y su parador de Blanchard, donde un francés industrioso da de comer a los pasajeros que frecuentan aquel camino. El parador, dicho sea en honor de la verdad, tiene tan marcado y patente su parentesco con las antiguas ventas, que no es necesario preguntarle su abolengo. Sólo en la cocina se echa de ver que anda por allí la mano de un francés, no tan sólo por los nombres exóticos de los platos, sino porque gran parte de lo que allí es servido se puede comer y aun resultar sabrosísimo al sentido del gusto, mayormente si éste no ha tenido gran cosa que hacer desde Comillas.

Pero lo característico del establecimiento Blanchard es el ruido, que ofrece allí todas las variedades y clases diversas de lo sonante, en tales términos, que la humana oreja no tiene nada que desear. El que haya pernoctado en Unquera lo ha oído todo, porque los techos, los pisos, los tabiques, la escalera del frágil mesón, han sido hechos con habilidad suma para que ni el más leve rumor se escape. Como no es posible admitir que ningún nacido haya logrado conciliar el sueño a orillas del Deva, puede suponerse de qué modo retumbará en el cerero del viajero dormido aquel horrísono estrépito de coches, el pisar de las fatigadas caballerías, la charla de los pasajeros que entran y salen, y el incesante ladrido de todos los perros del mundo congregados en las inmediaciones.

El solícito arquitecto, ansioso de que su obra no dejase nada que desear, debió tomar todas las precauciones para evitar que algún viajero sibarita se entregase a los nefandos deleites del sueño. Atento a realizar su humanitario plan, dispuso que debajo de los dormitorios estuviese la tienda de comestibles y cantina, donde debían congregarse los mayorales y trajineros para hacer sus libaciones. Gracias a esto, cuando alguno de esos holgazanes que viajan por puro gusto de viajar, se mete entre las sábanas y pide a la almohada un poco de reposo, se ve de súbito sorprendido por chispeantes diálogos, por galanas disputas, por apóstrofos y blasfemias de aquéllas que levantan ampollas, y adquiere preciosas noticias sobre mil asuntos que algún día podrán serle de gran utilidad.

Muchos viajeros, y entre éstos hube de contarme, se dan a todos los demonios, y hasta sostienen que aquello no es teatro, sino morada de hombres cansados que anhelan soledad y silencio.

Todo en el mundo tiene remedio, hasta los insoportables ruidos de Unquera; y nosotros adoptamos uno eficacísimo, que consistió en despedirnos del parador, tomando, al despuntar de un nebuloso día, el camino de Peña-Mellera remontando el Deva.

VIII.

San Pedro de las Vaderas - Panes

Aquel río, harto de salmones, es en extremo pintoresco. Todo en él es bonito, el agua y las riberas. Remansada aquélla en algunos sitios, en otros corre con ímpetu, arremolinándose en los hondos pozos, bullendo en graciosas cascadas, y mostrando en su superficie verdosa cambiantes de luz y fajas luminosas, semejantes a estelas de invisibles naves. La tierra ostenta magníficas praderas y bosques de seculares castaños, cuyos deformes troncos, torcidos y patizambos, parecen cuerpos de ancianos inválidos que apenas pueden tenerse; pero en sus ramas muestran tal cantidad de erizos, que es forzoso bendecir la senectud fecunda de aquellos Matusalenes cargados de descendencia.

En este valle aparece el verdor de los campos salpicado de piedras y manchas pedregosas, señal de la proximidad de los montes; pero, a pesar de esto, el paisaje es tan alegre como extenso y variado, contribuyendo a ello la amplitud del horizonte y el grandor de los términos.

La carretera ofrece una particularidad notable, y es su pendiente inútil en la margen izquierda, para bajar después, no existiendo razón que justifique tal trazado. Estos son los inconvenientes de entregar las obras públicas a ingenieros enamorados, que hacen esclavos de su insensata pasión a los inocentes traficantes y pasajeros, pues, según la pública voz, la incomprensible cuesta de San Pedro de las Vaderas no tuvo otra razón de ser que la existencia de una casa a la cual iba el ingeniero con más frecuencia de lo que sus ocupaciones consentían. Es lamentable que aquel hombre sensible llevara su galantería hasta el punto de hacer desfilar a todos los viajeros de Peña-Mellera bajo las ventanas de una dama. Grande homenaje se debe a la hermosura, pero no tanto.

Panes, humilde pueblo enclavado en territorio de Asturias, nos ofrece dos hileras de casas modestas y alegres, y algunas personas amables que nos brindan hospitalidad generosa; pero no podemos detenernos, porque la atracción de la Hermida, irresistible como el vértigo de los abismos, nos llama hacia adelante, y es forzoso dar el gran paso antes que decline el sol. Seguimos avanzando, y de pronto todo cambia: país, suelo, ambiente, luz. Parece que se acaba el camino y la tierra habitable. Enormes piedras altas, flacas, puntiagudas, escuetas, hurañas, nos salen al paso, mejor dicho, nos lo cierran.

Vemos frente a nosotros una horrible boca, una grieta, cuya profundidad se ignora. Vacilamos un instante;

pero viendo que el camino entra, entramos también, llenos de asombro los ojos y con algo de miedo en el corazón. Durante largo rato los tres viajeros nos miramos en silencio.

IX.
Las Gargantas

Llaman a esto Gargantas; debiera llamársele el esófago de la Hermida, porque al pasarlo se siente uno tragado por la tierra. Es un paso estrecho y tortuoso entre dos paredes, cuya alta cima no alcanza a percibir la vista. El camino, como el río, va por una gigantesca hendidura de los montes resquebrajados. Parece que ayer mismo ha ocurrido el gran cataclismo que agrietara la roca, y que de ayer a hoy no han hallado las dos empinadas márgenes su posición definitiva. Todo se mueve allí como si no tuviera base.

La vista no puede convencerse de que aquellas ingentes baldosas que se han puesto de pie, puedan permanecer así mucho tiempo. Allí, el pánico que precede a los grandes desplomes es permanente, y el viajero anda en perpetuo susto, viendo una cordillera suspendida sobre su cráneo. En algunos sitios, la enorme muralla deja de ser vertical y se inclina hacia afuera, amenazando; en otros, se tiende hacia atrás como para abrir paso; toda la roca es blanca, y en sus agujeros crecen árboles negros. Allí no hay tierra sino en mezquinos huecos y grietas, y a ella se agarra la vegetación, hambrienta y desesperada. Hasta en lo más alto se ven árboles entecos que parecen trepar, asidos unos a otros, poniendo en tierra un pie o una mano, y en algunos sitios todo se derrumba, plantas y piedras, en espantosa caída.

El rumor del río, lento, igual siempre, monótono, acompaña todo el tránsito, y se le oye como la respiración de aquel abismo cuyos hondos pulmones mueven una y otra corriente de aire en las cañadas, angostas cual las sendas de la virtud. También allí tiene afluentes el Deva. Mira uno a derecha o izquierda, y ve bajar despeñado, insensato, furioso, un arroyo, mejor dicho, un chorro que rompe su cristal espumoso contra mil peñas que a cada paso quieren detenerle. Por otros lados, los arroyos son quietos y mudos, porque son de piedras diversas y cantos rodados que en tropel descienden de las alturas. Les vemos inmóviles como catarata petrificada; pero cuando llueve, ruedan con estrépito confundidos con el agua.

Los recodos y ángulos de esta horrible grieta suspenden y embargan el ánimo. Dijérase que acaba el camino y que hemos llegado al último punto de tan angustioso viaje; pero la angostura sin fin da una vuelta, y nos muestra algunas varas más de terreno llano, y nuevas murallas, nuevas amenazas de peñones gigantescos colgados del cielo. Allá arriba, en lo más remoto, cuando las montañas no puedan subir más, alargan desnudos picos, manos convulsas que increpan al cielo con gesto terrible; pero no es fácil precisar la forma de tan extraña crestería, porque ni siquiera parece fija, sino movible como un erizamiento de cabellos desgreñados que el viento agita, o la hinchazón irregular y caprichosa de gigantescas espumas.

Si en algunos lugares del paso no se ve nada más que un muro vertical, en otros las atrevidas torres, los minaretes, los chapiteles y agujas de mil facetas dejan atrás la arquitectura más variada y rica. Bóvedas y grutas se encuentran a cada paso y monolitos inmensos, que semejan hombres gravemente sentados, o dioses reunidos en corrillo. Gran parte de lo que por muchos siglos estuvo en lo alto, se ha despeñado y ha caído al suelo; aquí y allá yacen enormes pedazos, a semejanza de ídolos rotos que obstruyen el paso del río.

La imaginación se excita, y el sublime espectáculo que ven los ojos se aposenta dentro del cerebro con tanta fijeza, que al fin parece que todo es obra del espectador mismo, una grande y tormentosa fantasmagoría de masas en lucha, como las que se revuelven en las angustiosas cavernas de una pesadilla.

Se llega al fin a un punto en que las montañas nos dan algún respiro separándose un poco. De su seno pedregoso nace ante nuestra vista un pueblo con media docena de casas y un establecimiento de baños.

Aquí el agua no podría ser fría, ni aun tibia como en otras partes, y mana hirviendo y humeando. Estamos en la Hermida.

X.

La Hermida

Cuando se fundó este lugar, debía estar ya ocupada toda la haz de la tierra y no existir un solo pedazo de suelo donde poner la planta. Sólo así se comprende que haya un pueblo en medio de las Gargantas. Verdad es que el rico manantial de aguas termales disculpa este escandaloso lujo de colonización. A la Hermida, durante el verano, suele bajar el sol con gran contento de los vecinos, pobres anacoretas o quizás hombres llenos de pecados que anhelan limpiarse de ellos con acerba penitencia.

El establecimiento de baños es muy semejante a los que debieron estar en moda en tiempo de nuestro padre Adán. Los bañistas, si quieren serlo, se sumergen a la intemperie en anchas cubetas, libres de todo miedo a los aires colados. Luego pueden ponerse a secar al sol, como ropa; y si después de esto se curan, ya no tienen razón alguna para dejar de creer en los milagros. Es en verdad muy sensible que perteneciendo las aguas de la Hermida a una persona ilustrada y rica, no exista allí un establecimiento siquiera como los peores de nuestro país. En este caso, los manantiales hirvientes serían apreciados en su justo valor, y aquella solitaria Tebaida recibiría visitas de gente sentimental o enferma, convirtiéndose en lugar de peregrinaciones estivales. Tal como hoy está, ofrece la Hermida un ejemplo arqueológico del sistema de hidroterapia empleado en los tiempos que llaman prehistóricos; y si esto no carece de encantos para ciertos turistas, es con la condición indispensable de estar allí poquísimo tiempo, el necesario tan sólo para ver cómo se baña la gente y poderlo contar después.

La ermita de San Pelayo es, después de la iglesia de Lobeña, el edificio de más importancia que se encuentra en todo el trayecto de las Gargantas, no inferior a cuatro leguas. Difícil es saber quién es el santo allí venerado; pero debió de ser hombre muy grande, a juzgar por sus lágrimas, unas piedras mayores que la iglesia.

Lobeña tiene mejor situación que la Hermida. Está en sitio algo más abierto y en un repecho a donde no es fácil pueda llegar el Deva cuando lo hinchan las aguas de invierno; pero aun así, es muy digno de lástima todo ser a quien tocó nacer en tal pueblo, a pesar de que debe suponérsele bajo el amparo de San Pelayo, que lloraba montañas. Si en verano se le caen a uno encima las dos filas de inmensos peñascos, puede suponerse cómo serán aquellos lugares en invierno, cuando está obscurecido el sol durante meses largos; cuando los vientos silban dentro de la angosta cañada, soplando en ella como en una corneta, y cuando caen chorros de agua arrastrando piedras y murmurando imprecaciones por las laderas abajo, como condenados que van camino del Infierno.

En verano pasamos la famosa garganta (también llamada Hoz de Potes), y no logramos salir de ella sin que se nos nublase el sol y se alterara la serenidad del día, haciendo de aquel antro una mansión de demonios. Una de esas tormentas que tan comunes son en el país cántabro, nos sorprendió en Lobeña, atajándonos el paso; pero en realidad podía perdonarse la contrariedad por la magnificencia del espectáculo y la grandeza del sonido, que nos daba idea de los ecos del valle de Josafat en el terrible día postrero. El que no ha oído retumbar un trueno dentro de las angosturas de la Hermida, no conoce el tono en que habla Jehová por boca de Isaías. El viento, penetrando por un extremo, recorría bramando todo el conducto, y parecía que sacaba de su asiento las deformes rocas. En todas las cuevas y en las grietas todas daba un grito para despertar a los duendes dormidos. Lo más imponente era cuando en mitad del camino se encontraba con otro viento que venía furioso por el lado Sur. Chocando uno con otro, como guerreros iracundos, se revolvían allí con estrépito, haciendo remolinos y bufando de rabia, diciéndose las más atroces herejías y desgreñándose con furor, hasta que el uno lograba vencer al otro, le hacía volver atrás, y después le iba persiguiendo y dándole caza por toda la quebradura, sin cesar de hostigarle con tremendos resoplidos y balbucientes injurias.

También cavó agua; mas no quiso Dios que fuera en abundancia, y pudimos seguir. Comprendíamos lo que aquello será en las noches invernales, cuando se desgajen en agua los cielos. Entonces, seguramente no será fácil el paso, porque las empinadas cumbres de ambos tajos se dejarán arrancarlo que en ellas existe de frágil y movible, y conmovidas la informe arquitectura y las góticas torres, sobre el camino y sobre el río lloverán catedrales.

Por fin volvemos al mundo; por fin nos arroja de sí el formidable monstruo de piedra que nos tragó, y ya Cillorigo nos muestra ancho espacio y tierras extensas donde puede espaciarse la vista. Parece, como he dicho antes, que despertamos de una pesadilla, o que volvemos del letargo angustioso de una gran jaqueca. Los derrumbaderos y horribles precipicios de nuestro cerebro se disipan, y la dulce imagen de lo llano, de lo apacible, de lo apropiado a la planta y a la existencia del hombre, llena nuestra mente. Todo te anuncia ya, ¡oh deseada Potes! villa ilustre y señora de estos adustos lugares.

XI.
POTES

Preceden a este singularísimo pueblo grandes viñedos en laderas no muy frondosas. Los bosques se ven a lo lejos, más allá de las alturas donde tiene su atalaya vigilante el buen Santo Toribio. Potes se vanagloria de poseer en su reducido término toda la flora de España. Sus viñedos dan un mosto mejor que el buen chacolí,

fresco y puro como el Burdeos. Sus olivares dan aceitu-
nas como judías, y sus garbanzos, menudos como per-
digones, son sabrosísimos sobre toda ponderación.
Pero la gloria de Potes está principalmente en sus jamo-
nes, que, si no llegan a los de Trevélez, superan a lo
mejor de Westfalia, e igualan al nobilísimo de York.
Todo allí es bueno, aunque chico. El queso lebaniego,
que se vende en los mercados de los lunes, es semejante en picor y horrible fragancia al más celebrado
Roquefort.

La villa es indescriptible, pues faltan fórmulas a
propósito para pintar las casas jibosas de la calle principal, estrecha y negra como alma de usurero. Hay, no
obstante, algunas hermosas casas solariegas, y la plaza
de soportales es, no sólo transitable, sino buena y casi
casi bonita. Desde allí se ve un torreón señorial de agradable aspecto y la grandiosa perspectiva de la montaña,
cuyos grandes y escuetos picos blancos parecen dedos
que están tocando el cielo. "Allí están los osos", nos
dicen; pero comúnmente, los que hablan de estos ani-
males no los han visto más que en sueños.

La villa, sus habitantes y los campesinos de Liébana
que se reúnen en ella los domingos, no tienen semejanza ni parentesco con las villas y gentes de la Montaña.
La fraternidad administrativa no puede quitar a Potes

su fisonomía absolutamente leonesa. Se ve en todo un sello y un colorido singular que no pueden expresarse fácilmente sino diciendo que no está aquel país bajo el imperio de la vaca, sino bajo el de la oveja. Una de las cosas que más llaman la atención en esta villa es el predominio de la lana negra en los trajes de hombres y mujeres, en los sacos de trigo, en las telas burdas que venden, y hasta en los cordeles con que atan sus mercancías. El día de mercado, cuando se mira éste desde los balcones de la fonda, parece, según la expresión de uno de mis compañeros de viaje, que se ha derramado un tintero sobre la plaza. El grande y más legítimo orgullo de Potes es haber sido cuna del insigne artista Jesús Monasterio.

XII.
Basta

Ha llegado la hora de desandar lo andado, poniendo fin por ahora a nuestra expedición.

Otra vez será más larga, y arrancando de esta villa de Potes no terminará sino allí, en el más alto pico practicable de las Peñas de Europa, donde se forja el rayo y están en acecho las tempestades, aguardando el momento en que viven más divertidos los hombres para caer sobre ellos. Volvemos a recorrer la garganta de la Hermida, esta vez a la luz de la luna, qué la alumbra con tristísima claridad, asemejando los tajos a gigantescos sepulcros de siglos, donde duermen el sueño eterno las edades pasadas. Pernoctamos en Panes; saludamos de lejos a Unquera, deseando muy buenas noches a los que se albergan en el parador, y pasado el río Nansa y los dos puentes de San Vicente, llegamos a la bifurcación del camino. Preferimos el del interior, y visitamos a Treceño, Cabezón de la Sal, Casar de Periedo, Barcenaciones, Quijas y otros amenos lugares de esta deliciosa, comarca, la más risueña de la Cantabria occidental.

He descrito a grandes rasgos este viaje tan sólo por complacer a cariñosos amigos montañeses, y seguro de que no podría en manera alguna reproducir en el lenguaje escrito las bellezas y el inmenso atractivo del país cantábrico. Después de hecha la prueba, siento que mi primera resistencia hubiera flaqueado poniéndome en la tentación de probar fortuna. Tiene la provincia de Santander grandísimo estorbo para escribir acerca de ella, y es que los eminentes literatos montañeses han tratado con singular destreza cuantos elementos atesora, no dejando nada para los intrusos. Esto debe poner gran recelo en el ánimo de todo el que quiera escribir de cosas santanderinas.

La naturaleza y el suelo todo de la Cantabria ha sido descrito con poético y gallardo estilo por el insigne escritor D. Amós de Escalante, y las costumbres rurales y urbanas de tan encantador país, han sido pintadas magistralmente por la inimitable y seductora pluma de D. José María de Pereda, a cuya generosa amistad debo las delicias de este viaje, realizado en su grata compañía, juntamente con la del Sr. D. Andrés Crespo.

En lo relativo a erudición y arqueología montañesa, hay muchos y muy buenos escritos del mismo Escalante, de Asas, de Ríos y Ríos, de Menéndez, de Leguina, Casa-Mena y otros. De modo que para los advenedizos queda muy poco. Bien sé, pues, que no añado nada, absolutamente nada a lo que los montañeses saben de su país, y que muy poco enseño a los extraños que no lo conocen; pero no estaba en mí escoger la prueba de consideración más apropiada a preciosas amistades de aquella tierra, y he tenido que tomar ésta que fácilmente se me venía a la mano, y cuyo único valor consiste sólo en la gratitud que representa.

Septiembre de 1879.

S<small>ANTANDER</small>

I

Esta región, y las que le siguen por Occidente a lo largo de la costa, es decir, Asturias y Galicia, son las más pacíficas de la península, las más sufridas y también las más disciplinadas, administrativamente hablando. En casi todas las provincias que se extienden desde los límites de Vizcaya hasta el Miño, dominan las ideas liberales; las contribuciones se pagan con la mayor puntualidad posible, lo mismo en sangre que en dinero, y las algaradas revolucionarias son insignificantes o nulas. La historia política en esta región es poco abundante en emociones, y nuestros gobernantes no tendrían tantos quebraderos si no hubiera en España más que montañeses, asturianos y gallegos, porque seguramente viviríamos entonces en el mejor de los mundos posibles. Importantes industrias dan vida a las poblaciones de toda esta costa; aunque aún no se ha llegado a un grado de potente desarrollo, el camino está abierto para ello. La agricultura es pobre; pero la ganadería da buenos rendimientos; el comercio toma de día en día mayor vuelo y la minería no le va en zaga. La cultura general está más extendida que en ninguna otra región de España y la instrucción popular es aquí una realidad. Pero lo característico de estas provincias es la virtud prolífica de su raza, la extraordinaria fecundidad de las mujeres, el progresivo aumento de la población. Ésta crece de tal modo, que no pudiendo sostenerse en el estrecho suelo en que ha nacido, se derrama fuera de él, se esparce y va a buscar medios de vida en países lejanos, determinando esas corrientes de emigración que tanto han dado que hablar y de las cuales quiero yo decir también alguna palabra.

Generalmente, se habla mal de las emigraciones. El patriotismo local ha agotado en contra de ellas todo el vocabulario de los términos ampulosos y lacrimatorios. Yo creo que las emigraciones son convenientes y que no debemos quejarnos de que nos toque una parte tan considerable en las pérdidas de población que anualmente sufre Europa. Pues si estas corrientes no fueran a crear riqueza en regiones apartadas, ¿de qué vivirían el comercio y la industria europea? El movimiento de emigraciones es tan antiguo como la historia, y con él se enlazan maravillosamente los más grandes progresos de la humanidad.

Concretándonos a nuestras poblaciones cantábricas, que son las que dan más contingente a las repúblicas americanas, vemos que gran parte de la prosperidad y del bienestar que hoy gozan estas nuevas provincias se debe al retorno de capitales.

Porque en esta emigración cantábrica hay que notar un fenómeno que suministra argumentos para su defensa. El emigrante montañés, asturiano o gallego, conserva siempre un vivísimo amor a su país y durante su vida de fatigas alienta la esperanza y el deseo de volver a él y establecerse en su villa o aldea natal. Muchos realizan este deseo y así vemos por todas partes, desde aquí al Miño, irrevocables testimonios de que se ha realizado bien. Innumerables son las casas de campo que en todo este país declaran la repatriación de las personas y la introducción de grandes y pequeños capitales. Multitud de negocios, multitud de industrias se sostienen con dinero de indianos y en las poblaciones del litoral hay buen número de estos señores que hacen vida cómoda y patriarcal, algunos trabajando hasta la vejez.

Es curioso observar los distintos países a que con preferencia se dirigen las corrientes de emigración cantábrica. Los montañeses tienen especial querencia por Cuba y Méjico. En esta República es tal el número de montañeses, que las principales casas comerciales de la capital y de Veracruz, Tampico, Matamoros y Mazatlán, son santanderinas; y es raro allí el capital que no tiene su origen en el trabajo de un hijo de esta provincia. Los asturianos se reparten entre las Antillas y las repúblicas hispanoamericanas. Los gallegos van de preferencia al Uruguay y a Buenos Aires y los vizcaínos parece que tienen especial cariño a Chile y el Perú. No es de nuestra incumbencia hablar de los beneficios que estos diferentes países pueden recabar de las remesas de seres humanos que les hacemos anualmente.

Tan sólo nos corresponde juzgar las emigraciones desde el punto de vista puramente español y señalar el fenómeno extraño de que las provincias cantábricas, que son las más señaladas por la cuantía de las exportaciones de hombres, son al mismo tiempo las que tienen una población más densa. Pontevedra, que ocupa lugar preferente en nuestra estadística demográfica, está tan poblada como las regiones más ricas de Bélgica. Si la verdadera riqueza de un país consiste en su población, fuerza es confesar que las emigraciones no dañan de un modo ostensible el capital de vida humana que han creado allí la fecundidad de la raza, lo apacible del clima y la fertilidad del suelo.

Quisiera hacer un estudio de las cualidades y condiciones especiales de cada uno de estos cuatro tipos de emigrantes, a saber: el montañés, el asturiano, el vizcaíno y el gallego; pero me falta para ello un conocimiento exacto de las localidades y de los caracteres. Al montañés le conozco medianamente y a éste me concretaré por ahora. Presumo que las diferencias entre este tipo y el de los vecinos no son muy grandes y que lo que de él se diga, sugerido por la observación, puede aplicarse a los demás sin ofender a la verdad.

II

El montañés es poco afecto a la agricultura y al trabajo sedentario. Su genio es el comercio y su pasión los cambios. En todos los tiempos ha mostrado su espíritu aventurero, aplicándose a las arriesgadas excursiones de nuestros primeros navegantes. Ha sido guerrero, en tanto que la guerra se presentaba como exploración de comarcas propicias al comercio. Ha sido también gran marino, por cuanto ninguna otra vía parecía, como la del Océano, apropiada a la satisfacción de su anhelo. Difícil sería señalar una región donde la lengua española se habla, en la cual no hayan existido siempre montañeses dedicados al comercio. En España misma, rara es la localidad donde el montañés no ha plantado su tienda; y hay comarcas, como Andalucía, donde todo el pequeño tráfico está en sus manos. Según la índole de cada uno, así se dedican a las grandes empresas o a las pequeñas; pero es justo reconocer que los primeros capitales del país se han condensado en la firma de algún montañés ilustre. Casi todos los que aquí han labrado grandes fortunas han traído de América la base de ellas. Otros la traen redonda y completa de allá. Son muy pocos los que vuelven con las manos vacías.

El que tal hace es la deshonra de la raza.

En Santander abundan de un modo considerable los buenos capitales, labrados en América y aumentados después aquí. Los hay de distinta importancia, algunos muy grandes, muchos que podrían clasificarse en la áurea mediócritas, como producto de una ambición limitada y hasta cierto punto filosófica. En el resto de la provincia abundan del mismo modo. Todo el país está sembrado de fortunitas sanas, que se manifiestan claramente en hermosas y cómodas casas de un aspecto particular. Los habitantes de ellas proceden de las diferentes clases sociales, pues aquí no hay ninguna que exclusivamente dé su contingente a la emigración. En las clases más pobres, así como entre los señores o infanzones, rara es la familia que no tenga un indiano. Recorred todas las casas viejas y nuevas del país y no hallareis una en que no se os hable del hermano, del tío o del hijo que está en América. Ha llegado a ser la emigración como una función social, una necesidad doméstica.

Cuando en alguna vivienda no se habla del hijo o del hermano expatriados, es que ha vuelto ya y anda por aquí disfrutando tranquilamente del fruto de su trabajo.

Pero acontece que aquellos que han llegado a los más altos escalones de la fortuna, atesorando riquezas en ese grado que causa vértigos, proceden de la clase más humilde. Los grandes capitales del último tercio de siglo han tenido una niñez bien triste.

Uno de ellos, muerto hace poco en plenitud del bienestar y de los honores, propietario, naviero, industrial, Senador y no recuerdo bien si marqués, contaba con mucha gracia, que la primera moneda de plata que tuvo en su vida la recogió del suelo con los dedos del pie. De este modo, significaba que el calzado fue para él un lujo desconocido en aquella tierna edad.

III

Comillas, Castro Urdiales, Laredo, pueblos de esta provincia, son residencia de opulentos indianos, siendo la primera de estas villas la más caracterizada por la extraordinaria riqueza de los que han venido a ser sus señores. Comillas ostenta palacios en los cuales han tenido albergue los reyes y todo el personal de la corte.

Allí se han dado fiestas de una suntuosidad verdaderamente regia, en las cuales los refinamientos del gusto y los derroches de la riqueza han llegado al extremo. Aquí viene como de molde una anécdota que oí referir ha poco tiempo y reproduciré en confirmación de lo que antes he dicho.

Uno de los señores avecindados en esta alegre y venturosa villa de Comillas, hombre opulentísimo, generoso y afable, y que, además, posee una cultura nada común, padre de numerosa familia, bienquisto en el país, que le debe no pocos beneficios, adquirió no ha mucho una casa situada a media legua de la villa. Era lo que aquí se llama vulgarmente una casona, o sea palacio, infanzón, solar de la nobleza del país, edificio que en un tiempo fue morada de señores de abolengo y que después, con el transcurso de los años y las mudanzas sociales, vino a gran decadencia, precursora de la ruina total.

Desde que el opulento indiano de nuestro cuento (que no es cuento) regresó de Méjico manifestó deseos de adquirir aquella casa; pero no pudo satisfacerlos porque los poseedores de ella no querían venderla a ningún precio. Pasaron años y más años sin que en ninguno de ellos dejase el tal de renovar sus proposiciones de compra, poniendo en práctica cuantos medios le sugería su astucia para vencer la resistencia del propietario de la finca. Por fin, la casa fue a poder de personas que creyeron buen negocio el deshacerse de ella, y, apenas indicado este deseo, el rico indiano se apresuró a celebrar la escritura y a entrar en posesión de la codiciada casona.

Cuentan los que le vieron que en ningún tiempo, se había mostrado nuestro hombre tan expansivo, tan satisfecho como en la ocasión memorable de tomar las llaves de la casa y considerarse absoluto dueño y señor de aquellas piedras venerables, que no tardarían en caerse si la mano cariñosa del nuevo propietario no se apresurara a dar vida nueva al edificio con una inteligente restauración.

Antes de poner manos a la obra, el señor quiso celebrar su negocio con una gran fiesta. Hechas las obras provisionales para poder recibir en la casa a los convidados, invitó a lo más granado de la villa. Todos los hijos del propietario estaban presentes, y también sus nietos, que eran, según creo, en número considerable; también tomaba parte en la dichosa fiesta otro indiano de Comillas, amigo íntimo del anfitrión, pero mucho más rico que él y que todos los indianos habidos y por haber: un hombre cuya firma iba unida a considerables empresas marítimas y terrestres; el más afortunado y quizá el más hábil y atrevido de los negociantes españoles contemporáneos, hombre, en fin, que ha disfrutado en vida de los más grandes honores sociales, y que, a poco de morir, ha tenido el extremado homenaje de una estatua.

Hubo en la casona gran comida, y cuando llegó la ocasión del champagne el feliz propietario hizo levantar de la mesa a toda la concurrencia, y a todos, hijos, nietos, amigos, los llevó... a la cocina. Es ésta una destartalada pieza, que no tiene interés alguno arquitectónico, pero alguna clase de interés muy hondo debía tener para el señor de ella cuando de modo tan solemne reunía en la innoble pieza a sus convidados; ¿y para qué? Ahora lo veremos.

-Esta casa -les dijo entre jovial y conmovido- tiene para mí el interés inmenso de los recuerdos de la infancia. Cuando yo era muchacho, venía todos los días, descalzo, desde la plaza, a traer el pescado a esta casa. Tal comisión fue mi primer jornal durante más de dos años... ¿Veis el hoyo que hay en aquel rincón?

Allí me sentaba yo a descansar de la fatiga del largo paseo a pie, a escape por tan mal camino, sin zapatos para el fango ni paraguas para la lluvia. Y los señores de esta casa eran tan buenos, que todos los días me daban de comer en aquel mismo sitio. La cocinera me alargaba el plato y yo lo ponía sobre mis rodillas.

Excuso decir que despachaba su contenido con un apetito voraz, que después no he vuelto a tener en mi vida.

-Bien me acuerdo de todo eso -dijo uno de los presentes, rompiendo el silencio general con que las palabras del dueño de la casa eran oídas-. Los más de los días le acompañaba yo... Sólo que me daba vergüenza de subir, y quedábame en el portal, esperándole. Por esto, rarísima vez participé de la comida. Cuando nos volvíamos solos, charlando y riendo, hacia Comillas, dábamos rienda suelta a la imaginación, y, considerando que aquella villa no era la más halagüeña para nosotros, hacíamos nuestros planes de emigración a América para trabajar, reunir dinero, volver ricos a nuestro pueblo... y comprar la casona.

El que esto dijo, poniendo tan agudo e interesante comentario a la revelación del rico indiano, no era otro que el opulentísimo capitalista de quien hablé antes, el hombre de extraordinario genio comercial que ha tenido, entre otros privilegios, el de que se le haya erigido una estatua poco después de su muerte, hombre que llegó a las vertiginosas alturas del poder financiero después de una vida consagrada al trabajo constante en diferentes empresas, y que dejó a sus hijos la enorme herencia de cuarenta millones de pesos, cifra hasta el presente no alcanzada por nadie en nuestro país.

He referido esta anécdota para demostrar el humilde origen de muchos que han venido a ser orgullo y sostén de estas humildes villas montañesas, y para que se vea que, generalmente, no se avergüenzan ellos de su humilde nacimiento.

Al mismo tiempo debo hacer constar que en esta provincia se ven a cada paso muestras muy prácticas del cariño que a su país conservan los montañeses ricos establecidos en lejanos países. Hay aquí muchas carreteras construidas con dinero de americanos. Rara es, aquí, la iglesia que no ostenta algo debido a la piadosa munificencia de estos señores, y algunos han dotado de escuelas al pobre vecindario de sus aldeas. Pero donde más se hecha de ver la influencia saludable del dinero de ultramar es en el caserío de las poblaciones. Bajo este punto de vista, las villas cantábricas tienen mucho que admirar, y ofrecen un aspecto hospitalario y alegre, que en vano buscaríais en otras comarcas de la península.

Santander, 20 de septiembre de 1884

Carta al Director de *La Prensa*

Y a todas éstas no he dicho donde estoy, o, por lo menos, no he guardado al sitio en que escribo las consideraciones debidas, consagrándole algunas líneas. Esta es la nobilísima villa de Laredo, de ilustre abolengo, no tan célebre como Babilonia, Menfis, Atenas o Roma, pero poco menos tal vez.

Si no ilustran su nombre sonoros hechos, lo publican por todo el orbe en brillantes chapas de cobre los millares de latas de sardinas en conserva que su industria arroja a los mercados de Europa y América. En Buenos Aires no será seguramente desconocido el nombre de esta villa marítima, esencialmente pescadora e industrial.

Sus conservas han adquirido legítimo renombre desde que empezaron a competir con las de Nantes y Burdeos. Los ricos pescados y mariscos de esta costa, preparados para la exportación, constituyen la principal riqueza del país y son el sostén de infinitas familias. Por lo demás, no sería difícil encontrar, buscándolas bien, razones menos prosaicas con que enaltecer a Laredo y ponderar su nobleza. Es esta, quizá, la villa más ilustre de la Montaña y cuna de esa nobleza cantábrica que, a juzgar por lo motes de los escudos que aquí abundan tanto, se pierde en la oscuridad de los tiempos.

Los apellidos más alcurniados, que son al mismo tiempo aquí los más comunes, proceden de esta honrada villa, la cual ofrece aún por todas partes vestigios respetables de su rancia historia. Debo declarar que en pocas partes vi más escudos, empotrados en caducas fachadas de casas que fueron palacios infanzones, ni más edificios solariegos, de los cuales son muy pocos los que conservan apariencias de vivienda acomodada, hallándose la mayor parte ignominiosamente convertidos en cuadras, casas de labranza, fábricas y talleres más o menos vulgares.

Fue Laredo cabeza de la contigua Montaña, y centro de esta provincia cantábrica, cuando Santander, la capital de hoy, era un simple pueblo de pescadores, pobre, solitario, al amparo de su medio rústica, medio marítima abadía.

Laredo fue en la Edad Media y en los tiempos gloriosos de Isabel, Carlos y Felipe, el principal puerto del Norte de España.

En Laredo desembarcaban los reyes cuando regresaban del extranjero, y las princesas austríacas que venían a casarse con nuestros príncipes. Aquí desembarcó Carlos V cuando vino de Flandes, después de la abdicación, para retirarse al monasterio de Yuste. Había hecho un viaje largo y penoso desde Flesinga en las bocas del Escalda, y traía el buen señor un humor de mil demonios, el cual se exacerbó más cuando vio que en la villa, por descuidos del gobierno de Felipe, no había nada preparado para recibirle. Atormentado por la gota y la tristeza, el más grande hombre de su siglo debió pasar las de Caín en Laredo, y aquí fue donde su amargura pronunció la frase levantaos galgos, que Fernán Caballero recogió de un cuento popular en el cual se explica, de un modo epigramático, la exaltación de todos los montañeses al estado de hidalgos o nobles. Después el César tomó el camino de Castilla por Ampuero y los montes de los Tornos a salir a Briviesca y Burgos.

Esta era la vía de comunicación más usada, sin que esto quiera decir que existiesen en ella calzadas o sendas más o menos cómodas, pues en aquellos tiempos gloriosos los caminos no se diferenciaban mucho de los del tiempo de Tubal, primer morador de España, según Mariana.

Los pobres gitanos que acuden hoy a las ferias de los pueblos con propósitos de dudosa moralidad, los mendigos que recorren a pie las provincias y los labradores, arrieros y trajinantes que andan de pueblo en pueblo, ya en carromatos, ya borricalmente, viajan con más expedición y comodidad, y con menos tropiezos y dilaciones que el César y Rey Carlos V, señor de media Europa, que tenía por cetro, al decir de un escritor, el eje del mundo.

Cerca de Laredo existe un ruinoso edificio, conocido aquí por el Castillo de Madama, donde es fama que vivió y acabó sus días la célebre Bárbara de Blomberg, madre de D. Juan de Austria. La vida de esta señora está rodeada, en la Historia, de cierto misterio, y no falta quien niegue en absoluto su existencia. Algunos historiadores buscan la madre del vencedor de Lepanto entre las damas de la misma familia imperial; pero nada de positivo hay sobre esto.

La tal doña Bárbara, que figura muy poco en todos los libros coetáneos que tratan del César, era de Ratisbona, hija de un comerciante o fabricante de paños, de familia al parecer no muy ilustre. Aquí vivió oscura y sin boato de las rentas que le pasaban los administradores del tesoro imperial, sin que ningún incidente sentimental ni dramático viniese a turbar públicamente la vulgar monotonía de esta existencia que no debió ser feliz.

Impacientes por llegar a Santander, nos alejarnos de estos sitios, no por el camino que siguió Carlos de

Gante, sino por el más transitado y alegre de la carretera que une a Bilbao con la capital de Cantabria. Bien pronto divisarnos a lo lejos, desde la imperial del coche, la bahía de Santander, que sería la más hermosa de la Península si no existieran las rías bajas de Galicia, de que hablaré más adelante. Pero aunque ya la vernos, muchas vueltas hemos de dar para estar cerca de ella, y mucho hemos de andar después para rodearla toda y llegar al término de la presente excursión. Antes de detenerme, quiero hacer una salvedad, y es que me será muy difícil ser completamente imparcial hablando de Santander y de los montañeses, por el mucho cariño que tengo a este pueblo, mi cuartel de verano, mi refugio contra el calor desde hace catorce años. Esto y los buenos amigos, la benignidad del clima y las repetidas expansiones del ánimo, han creado en mí una predilección especial que no puedo ocultar, y reconociendo las bellezas de toda la región cantábrica, pongo siempre en primer lugar las de esta provincia, así como en la preferencia que suelo dar a todos nuestros septentrionales, hago siempre una segunda selección en favor de los montañeses.

Esta es la primera plaza comercial de la costa cantábrica. Si Bilbao le gana en número de buques, Santander lleva la delantera en la importancia de las transacciones graduada por los rendimientos de Aduanas, que suben aquí a más de millón y medio de pesetas mensuales. Si el movimiento mismo domina en Bilbao, aquí prevalece el movimiento de los artículos que llamarnos coloniales.

Durante el verano, ésta es la principal estación de entrada de vapores-correos de las Antillas, a causa de las precauciones sanitarias que no permiten el arribo de aquéllos a los puertos de Cádiz y Barcelona. Las líneas españolas, la Trasatlántica Francesa, la Mexicana, de reciente creación, y otras dejan en esta ciudad, desde Junio a Octubre, un número extraordinario de viajeros procedentes de nuestras colonias y de la América Central.

Como residencia balnearia, Santander no iguala a San Sebastián ni en la importancia de sus establecimientos, ni en la cifra de forasteros que la visitan, aunque éstos aumentan de año en año4. No obstante, sus condiciones de clima son inmejorables, el país bellísimo, los habitantes hospitalarios. Depende la superioridad de Guipúzcoa en esta materia de que los vascongados han sabido entender mejor que los montañeses la explotación de los baños y la costumbre de la *villeggiatura*, estudiando y cultivando la industria de los alojamientos con el mayor esmero, para lo cual les sirven de mucho las continuas lecciones que en esto reciben de sus vecinos los franceses, grandes maestros en agasajar forasteros y en explotarlos dándoles todos los gustos y satisfacciones posibles.

Santander, ciudad puramente comercial, no ha comprendido hasta tiempos muy recientes, la importancia de estas industrias veraniegas. Su risueña playa del Sardineros, que sólo tiene rival en la de San Sebastián, es uno de los sitios más frecuentados de la costa durante el verano. Como condiciones naturales, es este sitio incomparable, de una belleza sorprendente y apacible, combinación felicísima de campo y mar, con todos los encantos del bosque y todos los atractivos del paisaje oceánico. Lo que en el Sardinero es obra de los hombres, no corresponde ciertamente a las maravillas que ha puesto la naturaleza; pero hay no obstante, alojamientos cómodos y aun elegantes y algunos atractivos para entretener a las personas que no pueden hallar defensa contra el fastidio en los espectáculos de la naturaleza. El suelo y el clima son ideales en este privilegiado rincón de la costa, cubierto de vegetación amenísima, jardín suspendido sobre las olas, que disfruta la doble frescura de los arroyos y del mar. Las praderas terminan interrumpidas bruscamente por las peñas cubiertas de mariscos, y las flores descienden hasta la arena, confundiendo sus hojuelas con las conchitas nacaradas y de mil colores que ávidamente recogen y coleccionan los niños. Las vacas pastan a dos pasos del reino inmenso de los peces, y el pescador de caña y el pastor, esas dos entidades tan diferentes suelen verse reunidas aquí, en una pieza. Hay quintas hermosas y residencias agradabilísimas, grandes casas de baños, casino y muchos cafés; pero aún falta bastante que hacer y que mejorar, para que el Sardinero sea lo que piden sus inapreciables ventajas naturales. Todo el lujo que aquí hay lo ha puesto la Naturaleza; el hombre no ha puesto aún más que un pasar mediano y una comodidad limitada y *bourgeoise* pero como las exigencias del público crecen de día en día, como el gusto de alojarse bien y de la buena casa y mesa se educa y perfecciona lo mismo que el gusto artístico, es de esperar que los progresos de la instalación vayan en aumento, hasta que llegue un día en que el Sardinero no tenga nada que envidiar a los lugares frecuentados hoy por las familias más poderosas, que solicitan en todas partes mil refinamientos y saben pagarlos.

Laredo, 25 de agosto de 1884

Fragmento de Carta al Director de *La Prensa*

El calor agobia de tal modo a los madrileños, que la vida es en la heroica villa poco menos que imposible. La emigración al Norte, contenida por los extemporáneos fríos del mes de Julio, es ya verdadera desbandada. Lo que nosotros llamamos círculos políticos se traslada a San Sebastián y Santander. En la primera de estas poblaciones reside la Corte, en la segunda veranean hombres políticos de importancia, tachados de disidentes y a los cuales se atribuye el propósito de formar un nuevo partido. En esto hay más de fantástico que de real. El marasmo político del verano produce todos los años una opinión artificial que se disipa con las primeras lluvias de otoño. Es muy probable que los respetables personajes que han sentado sus reales en la ciudad cantábrica no piensen en extremar su disentimiento hasta el punto de separarse del partido liberal; pero los que desean barullo y buscan temas socorridos con que alimentar la curiosidad del público, interpretan las intenciones de los hombres eminentes a imagen y semejanza de las suyas. De aquí resulta que en estos meses calurosos, la política es un tejido novelesco, cuyas urdimbres sin consistencia no duran más que hasta principios de Octubre6. Los mismos fabricantes de este frágil producto no creen en él y mientras los inocentes consumidores reciben y gastan la tela, prepáranse las manos que han de destejerla.

La Prensa, Buenos Aires, 16 de septiembre de 1888.

BENITO PÉREZ GALDÓS
(Las Palmas, 1843 - Madrid, 1920)

Peter Burke *¿Por qué Venecia?*

Guy de Maupassant *Sicilia*

Victor Hugo *De Bruselas a Brujas*

Georg Simmel *Filosofía del paisaje*

Juan Andrés *Nápoles*

Walter Benjamin *París*

Henry James *Florencia*

Georg Simmel *Roma, Florencia, Venecia*

Rubén Darío *Roma*

John Ruskin *Imitación y verdad*

Fernando Pessoa *Lisboa*

Alexander von Humboldt *México*

Stendhal *Milán*

Bernardo de Dominici *Vida de Ribera, el Españoleto*

F.T. Marinetti *España veloz y toro futurista*

Alfonso Reyes *Comprensión de España*

Victor Hugo *Pamplona*

Dario de Regoyos *España negra*

Carmen de Burgos *Nápoles*

Renato Barilli *Los prerrafaelitas*

Emilio Castelar *Venecia*

Goethe *Nápoles*

Auguste Rodin *Chartres*

www.casimirolibros.es